Inhalt

Enforcement - Kontrolle und Durchsetzung der Rechnungslegung

Kernthesen

Beitrag

Fallbeispiele

Weiterführende Literatur

Impressum

Enforcement - Kontrolle und Durchsetzung der Rechnungslegung

A.Kaindl

Kernthesen

- Die Aufgabe des Arbeitskreises Abschlussprüfung und Corporate Governance besteht in der Wiederherstellung des Vertrauens in geprüfte Jahresabschlüsse und einer Stärkung der Abschlussprüfung.
- Der Arbeitskreis hat zahlreiche Empfehlungen erarbeitet, die sich u.a. an den Vorschlägen der EU-Kommission zur Unabhängigkeit der Abschlussprüfer bzw. Schaffung einer Kontrollinstanz für die in der EU tätigen Wirtschaftsprüfer

orientieren.
- Im Mittelpunkt der Empfehlungen steht die Einrichtung eines Enforcement zur Überwachung und Durchsetzung von Bilanzierungsnormen.

Beitrag

Notwendigkeit einer konsequenten Durchsetzung der Rechnungslegung und einer Stärkung der Abschlussprüfung

Nach der Verunsicherung der Anleger durch die Bilanz- und Prüfungsskandale der vergangenen Jahre, sind verschiedene Maßnahmen notwendig geworden, um das Vertrauen in den Kapitalmarkt und die Rechnungslegung wieder aufzubauen. Erfolg versprechen dabei nicht umfangreiche neue Berichtspflichten, sondern die konsequente Durchsetzung der bestehenden Bilanzierungsnormen sowie Fortschritte bei der Prüfung der von den Unternehmen veröffentlichten Informationen und der Verfolgung von Regelverstößen. (2)

Das Anliegen des im Oktober 2002 installierten Arbeitskreises Abschlussprüfung und Corporate Governance bestand darin, das Vertrauen in geprüfte Abschlüsse wiederherzustellen und die Abschlussprüfung selbst zu stärken. Der Arbeitskreis hat mehrere Empfehlungen erarbeitet und diese dem Bundesjustizministerium überreicht. In die Empfehlungen des Expertengremiums sind die Vorschläge der EU-Kommission zur Unabhängigkeit der Abschlussprüfer bzw. zur Schaffung einer Kontrollinstanz für die in der EU tätigen Wirtschaftsprüfer, das US-Regelwerk zur Bekämpfung von Bilanzmanipulationen (Sarbanes-Oxley Act), und die breite Diskussion hierzulande über die Vorschläge der Regierungskommission Corporate Governance eingeflossen. Die Bundesregierung wertet die Anregungen als wertvolle Hilfe bei der Realisierung ihres Zehn-Punkte-Programms. Die Umsetzung der Empfehlungen machen Änderungen des Handelsgesetzbuches und des Deutschen Corporate Governance Kodexes notwendig. (4), (9), (11)

Empfehlungen des Arbeitskreises Abschlussprüfung und Corporate Governance

Die Erfahrungen der vergangenen Jahre haben gezeigt, dass die Kontrolle der Jahresabschlüsse durch die Wirtschaftsprüfer keine hundertprozentige Sicherheit gewährleisten. Deshalb ist eine Prüfung der Prüfung notwendig. Dies wird von der Bundesregierung in ihrem Zehn-Punkte-Programm auch gefordert. Der Arbeitskreis empfiehlt die Einrichtung eines effizienten Systems zur Überprüfung festgestellter Jahresabschlüsse (ein sogenanntes Enforcement). Für das Enforcement zur Kontrolle und Durchsetzung der Rechnungslegungsnormen trägt der Arbeitskreis im wesentlichen die Vorschläge der Bundesregierung mit, die eine zweistufige Instanz favorisiert. Nach den Vorstellungen der Experten soll auf der ersten Stufe ein privates, sachverständiges und unabhängiges Panel, das Deutsche Rechnungslegung Prüfungs Committee (DRPC), tätig werden. Das DRPC prüft auf Grund von Anfragen und anhand eigener Stichproben, ob Jahresabschluss und Lagebericht sowie Konzernabschluss und Konzernlagebericht von börsennotierten Gesellschaften korrekt sind. Ziel der ersten Stufe ist, dass das DRPC eventuell Unstimmigkeiten direkt mit dem betroffenen Unternehmen einvernehmlich klärt. Verweigert das Unternehmen die Kooperation und die erforderlichen Informationen und gegebenenfalls die Richtigstellung des Abschlusses, so gibt das DRPC den Vorgang an die Bundesanstalt für Finanzdienstleistungsaufsicht

(BaFin) ab. Auf der zweiten Stufe soll es der BaFin obliegen, bei Verstößen Sanktionen zu verhängen oder die Staatsanwaltschaft einschalten. Damit spricht sich der Arbeitskreis sowohl gegen ein Enforcement durch ein ausschließlich privatrechtliches Gremium als auch gegen eine rein behördliche Lösung aus. (2), (3), (7), (10), (11)

Es kann nicht erwartet werden, dass sich mit einer unabhängigen Enforcement-Stelle eine absolut fehlerfreie und damit glaubwürdige Rechnungslegung durchsetzen lässt. Die Wahrscheinlichkeit regelwidrigen Verhaltens wird sinken, aber eine hundertprozentige Zuverlässigkeit ist nicht möglich. Dies muss frühzeitig und ausreichend der breiten Öffentlichkeit vermittelt werden, ansonsten wird bei der ersten Aufdeckung von Fehlverhalten der Eindruck entstehen, die Enforcement-Stelle oder gar das gesamte System der Rechnungslegung seien wirkungslos oder hätten versagt. (2)

Eine weitere Empfehlung beinhaltet die Verschärfung der Haftungsregeln für die Abschlussprüfer. Diese sollen aus falschen Primärmarktinformationen (Testaten oder Bestätigungsvermerken) nicht nur bei Vorsatz, sondern auch bei grober Fahrlässigkeit gegenüber Dritten, also Aktionären, haften. Der Abschlussprüfer haftet dabei nur für die von ihm verantworteten Prospektangaben. Die

Haftungsregelungen sollen gedeckelt werden, d.h. versicherbar bleiben. Der Arbeitskreis spricht sich für eine Orientierung der Haftung des Abschlussprüfers aus falschen Sekundärmarktinformationen an der von der Bundesregierung geplanten Organaußenhaftung aus. Der Arbeitskreis empfiehlt auch hier eine Haftungsbegrenzung in Fällen grober Fahrlässigkeit. Das Institut der Wirtschaftsprüfer lehnt die vorgeschlagenen Haftungsregeln ab. Begründet wird dies damit, dass zur Sanktionierung von Fehlverhalten des Abschlussprüfers der Markt andere Mechanismen bereithalte, die für Prüfer gravierender Auswirkungen haben können als stark erweiterte Haftungsregeln. (8), (10)

In § 319 HGB Auswahl der Abschlussprüfer soll die Besorgnis der Befangenheit als Bestellungshindernis für den Abschlussprüfer aufgenommen werden. Die Besorgnis der Befangenheit liegt vor, wenn gegen das Selbstprüfungsverbot verstoßen wird und wenn zu nahe Beziehungen des Abschlussprüfers zum Topmanagement des geprüften Unternehmens bestehen. Entsprechend dem US-amerikanischen Sarbanes-Oxley Act sollen in § 319 HGB dem Abschlussprüfer Bewertungs-, Rechts- oder Steuerberatungsleistungen untersagt werden, die sich auf den zu prüfenden Abschluss wesentlich auswirken. Außerdem soll die Mitwirkung des Abschlussprüfers bei der internen Revision, bei der

Entwicklung, Installation und Einführung elektronischer Datenverarbeitungssysteme, bei Managementaufgaben, bei Finanzdienstleistungen und bei versicherungsmathematischen Dienstleistungen (wie etwa Pensionsrückstellungen) untersagt werden. Ebenfalls verboten werden sollen Steuerberatungsleistungen, wenn diese strategisch gestaltende Maßnahmen wie bspw. Grundstückserwerbe oder Sale-and-lease-back-Transaktionen betreffen. Allgemeine Steuerberatungsleistungen sind weiterhin gestattet. (4), (10), (11)

Ein weiterer Vorschlag des Arbeitskreises sieht vor, dass der Prüfungsausschuss im Aufsichtsrat die Bestellung des Abschlussprüfers vorbereiten und den Prüfungsauftrag erteilen soll. Der Prüfungsausschuss soll den Prüfern zudem ein Pflichtenheft vorgeben, um die Qualität der Bilanzprüfung zu sichern. Der Vorsitzende des Ausschusses soll künftig nicht mehr ein ehemaliges Vorstandsmitglied desselben Unternehmens sein dürfen. Die Mitglieder müssen über den notwendigen Sachverstand verfügen und alle Aufträge bzgl. künftig noch erlaubter Nicht-Prüfungsleistungen (Beratungen) an den Abschlussprüfer sind zu genehmigen. (9), (10)

Die Honorare für erbrachte Nicht-Prüfungsleistungen sollen gedeckelt werden. Der Arbeitskreis fordert, dass die Einnahmen aus Beratung in den vergangenen fünf Jahren maximal die Höhe der Erlöse aus der Abschlussprüfung erreichen dürfen. Heutzutage erreichen die Erlöse aus Beratungsdiensten im Durchschnitt 60 Prozent des Gesamtumsatzes der großen Prüfungsgesellschaften. Zur besseren Transparenz sollen die an die Abschlussprüfer gezahlten Honorare, aufgegliedert nach Prüfungs- und sonstigen Leistungen, im Anhang des Jahresabschlusses aufgeführt werden. (11)

Fallbeispiele

Nach internationalen Bilanzierungsregeln IAS/IFRS aufgestellte Konzernabschlüsse erfüllen derzeit nicht das Kriterium der Vergleichbarkeit. Zu diesem Ergebnis kommt eine Untersuchung von 100 IAS-Abschlüssen börsennotierter deutscher Unternehmen für das Geschäftsjahr 2001. Für den Mangel an Vergleichbarkeit macht die von der FH Münster erstellte Studie sowohl Schwächen der IAS als auch Verständnisprobleme der Anwender verantwortlich. Eine effektive Durchsetzung der IAS mittels einer Enforcement-Instanz sei zur Qualitätssicherung der

Abschlüsse dringend notwendig. Zum Beispiel ging bei 29 Unternehmen bei der Bilanzierung von Finanzinstrumenten nicht hervor, ob der einschlägige IAS 39 zur Anwendung kam. Weitere 29 Unternehmen nahmen keine Einteilung der Finanzinstrumente in die drei vom Standardsetter IASB vorgeschriebenen Kategorien vor. Anwendungsfehler traten auch bei der Bilanzierung aktienbasierter Vergütungen auf. Während 10 Unternehmen die Aktienoptionen als Personalaufwand verbuchten, nahmen 32 Unternehmen keine erfolgswirksame Erfassung vor. Weitere 36 Unternehmen hatten zwar Vergütungsprogramme, machten aber zur Bilanzierung keine Angaben. (5)

Weiterführende Literatur

(1) "Am Ende der Regulierung darf nicht der Staatsbetrieb stehen"
aus Frankfurter Allgemeine Zeitung, 08.07.2003, Nr. 155, S. U3

(2) "Mehr Transparenz löst Vertrauenskrise nicht"
Von Rosen plädiert für intensivere Prüfung der Rechnungslegung - Warnung vor Überregulierung
aus Börsen-Zeitung, 05.07.2003, Nummer 127, Seite 3

(3) Baetge für Enforcement im Gespräch

Referentenentwurf noch im Juli
aus Börsen-Zeitung, 02.07.2003, Nummer 124, Seite 5

(4) BDO befürwortet eine starke privatrechtliche "Bilanz-Polizei" Oversight-Board soll bei Regelverstößen Bußen verhängen können
aus Börsen-Zeitung, 25.06.2003, Nummer 119, Seite 13

(5) "IAS-Abschlüsse nicht vergleichbar" Studie der FH Münster - Enforcement erforderlich
aus Börsen-Zeitung, 20.06.2003, Nummer 116, Seite 12

(6) Stärkung des Finanzplatzes geht voran
aus Frankfurter Allgemeine Zeitung, 05.06.2003, Nr. 129, S. 23

(7) Zentrale Börsenaufsicht rückt näher Union will Rot-Grün bei Finanzplatz-Förderung helfen · Aufsichtschef Sanio für staatliche Bilanzpolizei
aus FTD Financial Times Deutschland vom 05.06.2003, Seite 17

(8) Wirtschaftsprüfer kritisieren Haftungsregelungen IDW lehnt auch die vorgeschlagene Deckelung von Beratungsleistungen ab - Grundsätzliche Unterstützung
aus Börsen-Zeitung, 02.08.2003, Nummer 147, Seite 7

(9) Strengere Regeln für Wirtschaftsprüfer
aus Frankfurter Allgemeine Zeitung, 01.08.2003, Nr. 176, S. 12

(10) Von Aufsichtsrat bis Haftung

aus Börsen-Zeitung, 01.08.2003, Nummer 146, Seite 6

(11) Expertenkreis empfiehlt Deckelung der Beraterhonorare für Prüfer Zur Stärkung der Unabhängigkeit des Berufsstands - Keine externe Rotation - Eckpunkte zur Dritthaftung - Zweistufiges Enforcement

aus Börsen-Zeitung, 01.08.2003, Nummer 146, Seite 6

Impressum

Enforcement - Kontrolle und Durchsetzung der Rechnungslegung

Bibliografische Information der deutschen Nationalbibliothek

Die Deutsche Nationalbibliothek verzeichnet diese Publikation in der deutschen Nationalbibliografie; detaillierte bibliografische Daten sind im Internet über http://dnb.d-nb.de abrufbar.

ISBN: 978-3-7379-1307-2

© 2015 GBI-Genios Deutsche Wirtschaftsdatenbank GmbH, Freischützstraße 96, 81927 München, www.genios.de

Alle Rechte vorbehalten. Dieses Werk ist einschließlich aller seiner Teile – z.B. Texte, Tabellen und Grafiken - urheberrechtlich geschützt. Jede Verwertung außerhalb der Grenzen des Urheberrechtsgesetzes bedarf der vorherigen Zustimmung des Verlags. Dies gilt insbesondere auch für auszugsweise Nachdrucke, fotomechanische

Vervielfältigungen (Fotokopie/Mikroskopie), Übersetzungen, Auswertungen durch Datenbanken oder ähnliche Einrichtungen und die Einspeicherung und Verarbeitung in elektronischen Systemen.